BEI GRIN MACHT SICH IHR WISSEN BEZAHLT

- Wir veröffentlichen Ihre Hausarbeit,
  Bachelor- und Masterarbeit

- Ihr eigenes eBook und Buch -
  weltweit in allen wichtigen Shops

- Verdienen Sie an jedem Verkauf

Jetzt bei www.GRIN.com hochladen
und kostenlos publizieren

Bibliografische Information der Deutschen Nationalbibliothek:

Die Deutsche Bibliothek verzeichnet diese Publikation in der Deutschen National-
bibliografie; detaillierte bibliografische Daten sind im Internet über http://dnb.d-
nb.de/ abrufbar.

Impressum:

Copyright © 2012 GRIN Verlag, Open Publishing GmbH
Druck und Bindung: Books on Demand GmbH, Norderstedt Germany
ISBN: 9783668411876

Dieses Buch bei GRIN:

http://www.grin.com/de/e-book/198487/umsetzung-von-modernen-zahlungssyste-
men-mittels-near-field-communication

Sascha Bajonczak

Umsetzung von modernen Zahlungssystemen mittels Near Field Communication

GRIN Verlag

FOM ESSEN

GROSSE HAUSARBEIT

Umsetzung von modernen Zahlungssystemen mittels Near Field Communication

29. Juli 2012

Student: Sascha Bajonczak

Fachrichtung.:   Wirtschaftsinformatik

Inhaltsverzeichnis

1 Einleitung   **1**

2 Grundlagen   **1**

   2.1 Historie 1

   2.2 Technologien 3

3 Hauptteil   **5**

   3.1 NFC Technik 5

   3.2 Sicherheitsaspekte 6

   3.3 Bezahlen mit NFC 10

   3.4 Weitere Anwendungsfälle 12

   3.5 Angebote in Deutschland 13

4 Fazit   **14**

Abkürzungsverzeichnis

DES .... Data Encryption Sandard

HF .... Hochfrequent

M-Payment .. Mobige Payment

NFC .... Near Field Communication

POS .... Point Of Sale

RF .... Radio Fequenz

RFID .... Radio Frequency IDentification

Smartcard ... Eine Kunststoffkarte mit normierten Abmessungen welche mit einem Mikrochip ausgestattet ist, auf denen Daten gespeichert sind.

Abbildungsverzeichnis

1	Historie	2
2	Transponder	4
3	Kommunikation zwischen NFC Geräten	6
4	Zugriff auf das Secure Element	6
5	Akku Ladestände	11
6	Zahlungsabwicklung	11
7	Con-Tag	13
8	SecuPay	13
9	Kommunikation	15

1 Einleitung

In der NFC Technologie existieren viele verschiedene Technologien. Die hier vorliegende Hausarbeit soll einen Überblick über die NFC Technologie, insbesondere über das Bezahlen mit der neuen kontaktlosen Technologie geben. Da dieses Thema sehr umfangreich ist, wird hier speziell auf das Bezahlen mithilfe von mobilen Endgeräten eingegangen.

2 Grundlagen

NFC ist eine kontaktlose Technologie zum Austausch von Nachrichten über geringe Distanzen. Diese wurde 2002 von NXP Semiconductors (ehem. Phillips Semiconductors) und Sony entwickelt.[1]

2.1 Historie

In Abbildung 1 ist die komplette Historie seit den 40er Jahren aufgezeigt. Sehr gut erkennbar ist, dass die NFC Technologie in den frühen 50er Jahren in den USA speziell im Flugraum zur Freund/Feind Erkennung eingesetzt wurde. 1970 existierten die ersten RFID Lösungen mit minimaler Speicherkapazität von einem Bit. Diese existieren heute noch z.b. in Kaufhäusern als Diebstahlsicherung. Um 1980 fanden sich zusätzliche Verwendungen der Technologie als Skipass, Zugangskontrollen oder Elektronische Tickets. Die eigentliche Entwicklung ereignete sich aber erst ab 1990. Da sich die Produktion steigerte, sanken die Preise in der Herstellung, sodass der Aufschwung grade im Landwirtschaftlichen Bereich enorm zunehmen konnte. Beispielsweise wird die Tiererkennung bis heute noch mit der NFC Technologie durchgeführt. Doch das ist nicht der einzige Anwendungsfall. Es folgten weitere wie die Wegfahrsperre, Mautsysteme, Zeiterfassung und mittlerweile ist die Technik auch in Kreditkarten aufzufinden.

---

[1] Langer/Roland vgl. S. 1.
[1] Kern S. 10

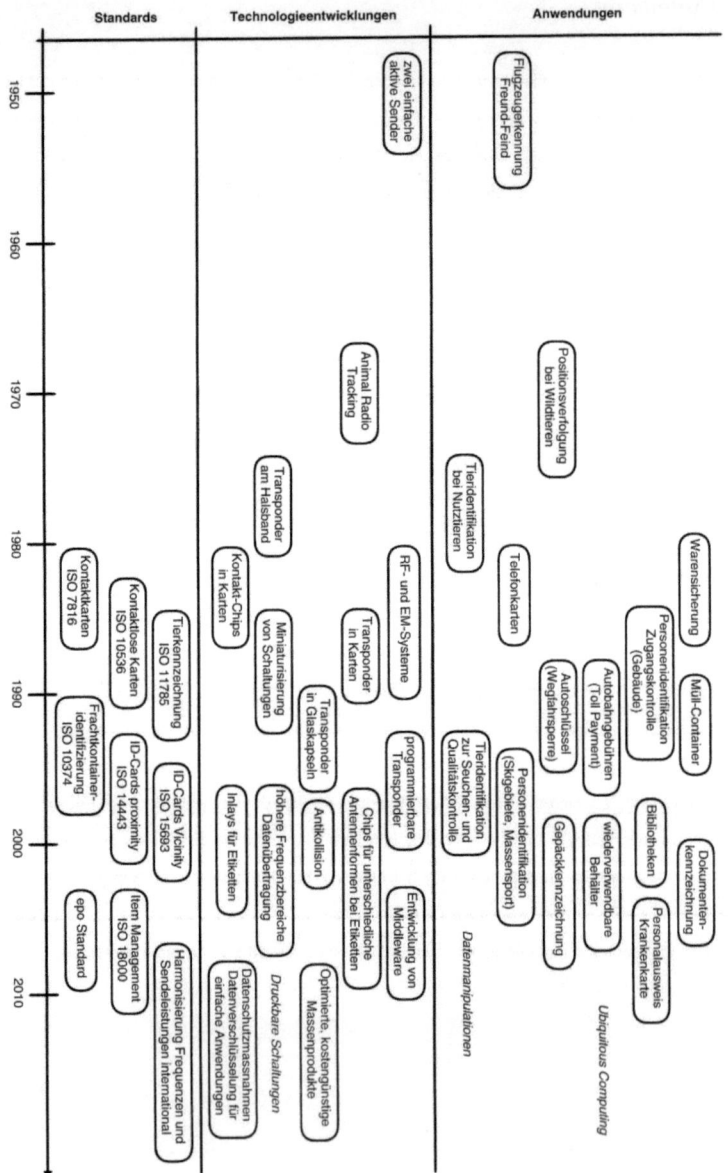

Abbildung 1: Historische Entwicklung der NFC Technologie(Quelle: Sringer Verlag/)

2.2 Technologien

Es existieren viele Verschiedene Technologien. Diese unterteilen sich in Kontakt und Kontaktlose Kommunikation. Da die Auswahl reichhaltig ist, wird nur auf die gängigsten Technologien, welche im Alltag zum Einsatz kommen, eingegangen.

Magnetkarten

Magnetkarten sind heute noch im Einsatz, z.b. als Zahlungsmittel oder Zugangssystem und gehörten zu den Kommunikationsmodellen bei denen direkter Kontakt notwendig ist. Diese beinhalten eine Magnetische Schicht, die vergleichbar zu einem Tonband ist. Selbst die Lesetechnologie ist ähnlich dem Kassettenrekorder- Tonkopf. Jedoch ist der Unterschied, das die Technik digital funktioniert. Aus diesem Grund ist vor dem neu beschreiben kein löschen der Daten mehr notwendig. Die Daten der Karten befinden sich unverschlüsselt ohne jegliche Sicherheitstechniken auf dem Magnetstreifen. Damit sind die Daten von jedem lesbar und somit potentieller Auslöser für kriminelle Handlungen. Daher wurde der Weg gegangen, die Daten in verschlüsselter Form abzuspeichern, so ist z.b. die PIN- Nummer eine EC- Karte mit einem 64 Bit DES Algorythmus verschlüsselt. Jedoch ist dieser Algorithmus heutzutage nur noch in der 'mittleren Sicherheitsstufe' eingeordnet.[2]

Smartcard

Nach der Magnetkarte wurde die Chipkarte (sog. Smartcard) erfunden. Diese ist die zentrale Komponente der NFC- Technologie. Sie gehört zu der Gattung Kontakt und Kontaktlosen und der Hybrid Modellen. Die Chipkarte ist eine Kunstoffkarte die eine normierte Größe besitzt. In den meisten fällen beinhaltet die Smartcard einen Mikrochip auf denen bestimmte Daten gespeichert sind. Dieser Mikrochip bzw. die Smartcard besitzt keine aktive Energiequelle, sondern ist auf eine Sekundärquelle angewiesen. Die Smartcard kann eine Speicherkarte oder aber auch eine Prozessorkarte sein.[3] Im Gegensatz zu den Magnetkarten hat die Smartcard den Vorteil, dass die Daten vor unbefugten Zugriffen gesichert sind. Somit sind geheime Schlüssel gespeichert oder Sicherheitskritische Anwendungsprogramme (GSM, Bankomatkarten, Kreditkarten...) ausgeführt.[4]

---

[2]Umlauf vgl. S. 29f.
[3]Langer/Roland vgl. S. 34.
[4]Rankl/Effing vgl. S. 722 ff.

3

Abbildung 2: Transponder an POS (Point of Sales) Systemen[6]

RFID

Die wohl bekannteste Technologe ist die RFID- Technologie. Diese gehört zu der Gruppe der kontaktlosen Kommunikationsmodellen. Es muss hierbei zwischen Transponder und Lesegerät keine direkte Datenverbindung hergestellt werden, sondern lediglich der Transponder in der Nähe des Lesegeräts gehalten werden. Der Transponder gehört zu der Gruppe der Speicherkarten. Somit sind dort nur Informationen gespeichert. Zu den gängigsten Einsatzgebiete sgehört die Warensicherung in Kaufhäusern und den Zugangskontrollen.[5]

Mobiltelefone

Der Einsatz von NFC in Mobiltelefonen ist immer mehr auf dem Vormarsch. Einsatzmöglichkeiten sind die Weitergabe von Elektronischen Visitenkarten (V-Cards), Urls oder andere Kontaktdaten. Die wohl bekannteste Einsatzmöglichkeit ist die Zahlungsmethode mit dem Mobiltelefon. Hierbei wird die Zahlungstransaktion kontaktlos über einen Transponder (siehe Abbildung 2) an einem POS System, nur durch vorhalten des Mobiltelefons, in Sekunden durchgeführt. Die Magnetkarte ist akzeptierter beim Benutzer, als das Bezahlen mit dem Mobiltelefon.

---

[5]Hage vgl. S. 6 ff.
[6]Technode

3 Hauptteil

3.1 NFC Technik

Um NFC nutzen zu können, müssen zwei NFC- fähige Geräte auf wenige Zentimeter zusammengeführt werden. Sind die Geräte bereit, kann somit eine Verbindung zwischen beiden Komponenten (Sender und Empfänger) aufgebaut werden und die Übertragung der Daten beginnt. Dazu stößt eines der Datenforderer den Austausch an, der Datengeber hingegeben stellt lediglich die Daten zur Verfügung.[7]

Grundsätzlich kann eine Kommunikation auf drei verschiedene Arten aufgebaut werden. Abbildung 9 zeigt die möglichen Kommunikationsarten auf. Im folgendem werden diese erklärt.

- Peer-to-Peer Modus

  In diesem Modus wird die Kommunikation zwischen den NFC-fähigen Geräten ermöglicht. Das bedeutet, dass jedes Gerät Sender und Empfänger sein kann.

- Card-Emulation-Modus

  Hierbei werden Daten von dem Mobilgerät an eine Bezahlstation gesendet und dort nochmals über einen PIN bestätigt. Die Bestätigung mithilfe des PIN -Codes ist lediglich ab Beträgen von über 25 Euro möglich[8]. Das M-Payment basiert auf dem diesem Modus.

- Reader/ Writer Modus

  Diese Methode ist dafür vorgesehen die QR-Codes zu ersetzen. Dazu wird ein RFID-Chip z.B. in einem Plakat integriert, von welchem das Mobilgerät durch vorbeiführen, Daten abruft und dem Benutzer auf dem Display anzeigt.

.

Aufbau und Funktionsweise

Abbildung 4 zeigt den Schematischen Aufbau der Kommunikation zwischen den beteiligten Komponenten im NFC-Gerät. Der NFC-Controller ist somit das Bindeglied zwischen der Übertragungstechnologie und dem mobilen Gerät. Die Hauptaufgabe besteht bei der De-/ Modulation des Analogen HF Signals. Der Controller unterstützt dabei die aktive und passi-

---

[7]Handy.
[8]Financescout24.

5

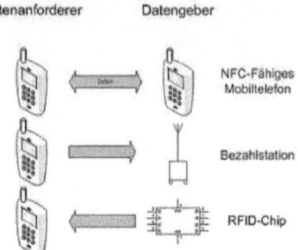

Abbildung 3: Kommunikation zwischen NFC Geräten (Quelle: Sascha Bajonczak)

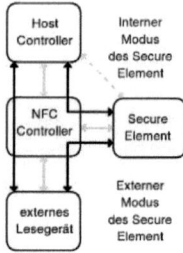

Abbildung 4: Zugriff auf das Secure Element [9]

ve Kommunikation.Üblicherweise ist der Controller auch in der Lage zwischen den einzelnen Modi (Card Emulation usw.) zu wechseln. Zu beachten ist, dass ältere NFC-Contollern nur als reines NFC-Modem arbeiten.

3.2 Sicherheitsaspekte

Das Secure Element

Im M-Payment Bereich und auch in anderen Bereichen (Ticketing, sichere Authentifizierung, usw...) wird ein sog. Secure Element eingesetzt.[10] Dieses Element beinhaltet geschützte Daten u.a. Ausweise (z.B. geheime Daten oder Zertifikate), elektronisches Geld, Wertkarten, Tickets und Kreditkarten. Diese Daten müssen für Unbefugte geschützt werden. Da das Mobiltelefon

---

[9]Langer/Roland
[10]NFC-Forum S. 7.

keinen ausreichend Geschützen Bereich besitzt, wurde in NFC Geräten das Secure Element als geschützter Speicher erstellt. Damit ein Speicher als Secure Element anerkannt wird, muss das Bauteil folgendes bereitstellen:

- Manipulationssicherer Speicher

  Der Speicher darf nicht von Unbefugten Manipuliert werden, sodass sensible Daten in dem Bauteil sicher abgelegt werden können.

- Kryptografie

  Bereitstellen von Verschlüsselung und Signatur.

- Sichere Umgebung

  Eine sichere Umgebung zur Ausführung von Programmcode.

Werden verschiedene Secure Elemente verwendet, so dürfen diese sich nicht gegenseitig beeinflussen.[11] Theoretisch existieren verschiedene Möglichkeiten das Secure Element in das Mobiltelefon zu integrieren. Die Gliederung dessen unterteilt sich in drei Bereiche

- Software ohne spezielle Hardware

- Fest integrierte Hardware im Mobiltelefon

- Austauschbare Hardware.

Jedoch existieren auch Nachteile in jedem Bereich. Wird das Secure Element als festes Bestandteil verwendet, so sind die Benutzerdaten nicht auf andere Geräte übertragbar. Es muss dabei der Umweg über den Provider gegangen werden, die das alte Secure Element deaktiviert und löscht auf dem neuen installiert und konfiguriert.[12]

Ein Austauschbares Secure Element hingegen ist mit hohen Materialkosten und Platzverbrauch verbunden. Dies geschieht dadurch, da dem Anwender ein separater Sockel für das austauschbare Secure Element zur Verfügung gestellt werden muss.[13]

Da in vielen Mobiltelefonen bereits Steckplätze für Micro SD-Karten vorhanden sind, kann diese Schnittstelle auch als Träger eines Secure Elements verwendet werden. Eine Secure Memory Card würde dafür verwendet werden können, um weniger Sensible Daten zu speichern,

---

[11]Langer/Roland S. 155.
[12]Langer/Roland S. 156.
[13]Langer/Roland S. 156.

da diese Speicherkarte die sicheren Funktionen einer Smartcard beinhaltet. Hierbei ist das Secure Element nicht an das Mobiltelefon gebunden[14].

In Abbildung 4 sind die verschiedenen Betriebsarten aufgezeigt. Zum einen existiert der externe Modus. In diesem emuliert das Secure Element, eine kontaktlose Chipkarte. Das Secure Element ist dazu mit dem NFC-Controller über eine Schnittstelle verbunden. Der NFC Controller vermittelt zwischen der HF-Schnittstelle und dem Secure Element. So kann ein externes Lesegerät direkt mit dem Secure Element kommunizieren (Siehe auch Card Emulationsmodus)[15].

Zum anderen gibt es den internen Modus. Hierbei wird auch eine kontaktlose Chipkarte simuliert. Jedoch ist hier der Hostcontroller das Lesegerät. Dieser kann auf das Secure Element ansprechen. So können über das Mobilfunknetz empfangene Informationen (z.b. Bustickets) auf dem Secure Element abgelegt werden. Anschliessend können diese Informationen mit einem externen Lesegerät direkt über den Hostcontroller, ausgelesen werden[16].

Sicherheiten im M-Payment Bereich

Als Sicherheitsmerkmal im M-Payment Bereich ist die Trennung zwischen den Handy Komponenten und dem NFC Chip. So kann nicht auf die Daten des Handys, wie z.B. Telefonnummern, Adressen usw., über den NFC Chip zugegriffen werden. Es ist jedoch im Gegenzug möglich die Daten des NFC Chips vom Handy auszulesen. Dies führt zu dem Problem dass Viren oder andere Schad Software die Daten auslegen können. Die Daten liegen u.U. nicht verschlüsselt vor, da der NFC-Standard keine Verschlüsselung vorschreibt, diese aber unterstützt. Die Nachrüstung der Verschlüsselung ist aber grundsätzlich vorgesehen[17].

Mittlerweile werden die NFC-Chips bereits ab Werk mit der Verschlüsselungs Technik ausgestattet, was das ausspähen der Daten auf dem NFC Chip erschwert. Jedoch existieren weitere zusätzliche Sicherheitsmale. Eines davon ist, dass nicht alle Daten, wie z.B. der Name des Kartenhalters, auf dem Chip gespeichert sind. Somit ist das sog. Skimming (Ausspähen von Daten und erstellen von Kopien) ebenfalls nicht möglich, da in erster Linie die Daten alleine nicht Ausreichen und diese ebenfalls in verschlüsselter Form auf dem NFC-Chip hinterlegt

---

[14]Reveilhac.
[15]Langer/Roland S. 158.
[16]Langer/Roland S. 159.
[17]http://www.tomshardware.de Toms Hardware (Security Datenschutz).

sind[18]. Kommuniziert ein POS mit dem Mobiltelefon, so wird als Authentifizierungsmethode das CVC3[19] verwendet. Dies gilt als sicherste Authentifizierungsmethode und Kryptogramm. Der hier verwendete Code ist dynamisch und basiert auf einer 112- Bit- Verschlüsselung, ganz im Gegensatz zu den aktuell fixen CVC1-Codes auf den Kreditkarten.

Geht das NFC-Handy verloren, wird sich der Schaden in engen Grenzen halten, sofern man den Verlust oder Diebstahl zeitnah bemerkt und handelt. Selbst wenn das nicht geschieht, beugen einige Sicherheitsmechanismen allzu großem Geldverlust vor. Sobald der Verlust des Mobiltelefons bemerkt wurde, kann man den Zugang zum NFC-Konto genauso wie bei Debit- oder Kreditkarten sperren lassen, sodass sich kurz darauf keine Zahlungen mehr darüber durchführen lassen. Am ärgerlichsten dürfte dann nur der Verlust der anderen auf dem Handy gespeicherten und nicht auf dem NFC-Chip abgelegten persönlichen Daten sein, wie etwa Kontakte, Fotos oder die installierten Apps. Es existieren mittlerweile Lösungsstrategien, um auch diese Datenverluste auszugleichen (z.b. Cloud Backup)[20].

Sofern das mobile Gerät eingeschaltet ist, was sicherlich den Standardfall darstellt, können unbefugte Dritte nur eingeschränkt mit den NFC-Apps einkaufen gehen. Wenn man z. B. die Sicherheitsmerkmale des Bezahldienstes Google Wallet (http://www.google.com/wallet/) als Maßstab nimmt, verlangt dieser vor jeder Transaktion die Eingabe einer PIN-Nummer, ohne die kein Geld fließt. Ähnlich geht auch MasterCard bei seinem Angebot PayPass (http://www.paypass.com) vor, denn ab Beträgen von 25 Euro aufwärts wird ebenfalls nach einem PIN-Code oder alternativ einer Unterschrift verlangt. So können Handy-Diebe hier allenfalls zum kleinen Preis mit der virtuellen Geldbörse Shoppen gehen und nicht unbegrenzt Geld ausgeben. Lässt man die Bezahldienste beiseite und nimmt an, dass auf dem Handy Zugangsberechtigungen gespeichert sind, etwa der NFC-Zugang zu einem Hotelzimmer, könnte ein Dieb hier durchaus mehr Unheil anrichten, sofern er Kenntnis von den digitalen Schlüsseln hat. Sollte das Handy bei Verlust bereits ausgeschaltet gewesen sein oder neigt sich seine Akku Ladung dem Ende zu, sinken die Chancen für Datendiebe noch weiter, denn dann kommt mit der PIN-Nummer des Gerätes eine weitere Hürde hinzu[21].

---

[18]Androidpit.de.
[19]http://www.cs.nyu.edu.
[20]http://www.tomshardware.de Toms Hardware Security.
[21]http://www.tomshardware.de Toms Hardware Security.

Energieversorgung

Gerade in Mobiltelefonen ist die Energieversorgung ein Thema. Es muss gewährleistet werden das die Daten auch ohne Energieversorgung verfügbar sind. Dies ist beispielsweise für Bustickets notwendig. Wie in Abbildung 5 zu sehen, existieren im Mobiltelefonen insgesamt drei Ladezustände für den Akku. Im Ladezustand eins ist das Handy in vollem Funktionsumfang Einsatzbereit. Unterschreitet der Ladezustand jedoch den Schwellwert 1 sind nur noch Grundlegende Funktionen wie die Systemzeit mit Energie versorgt. Die Telefonier- Funktionalität und auch die Benutzerschnittstelle sind ab hier nicht mehr verfügbar. Unterschreitet der Akku nun den Ladezustand 3, so ist der Akku vom übrigen System abgekoppelt und schützt das Mobiltelefon von eventuellen Schäden an den Daten, wobei das Telefonieren ist auch hierbei nicht mehr möglich ist. In Ladezustand 1 ist also die volle NFC Funktionalität verfügbar. In Ladezustand 2 hingegen, existiert nur eine eingeschränkte NFC Funktionalität. Diese beinhaltet z.b. keine Benutzerinteraktion o.ä.. Um sicherzustellen das z.b. Ticketdaten auch hier ausgelesen werden können, ist es notwendig den Card Emulationsmodus zu aktivieren. Hierbei werden der NFC- Controller und das Secure Element bei Bedarf mit Energie versorgt. Bei Ladezustand 3 hingegen ist keine Energieversorgung mehr vorhanden. Um dennoch die Funktion Kontaktloses Smartcard in diesem Ladezustand gewährleisten zu können, kann die Energie über das Lesegerät bezogen werden[22].

3.3 Bezahlen mit NFC

Damit eine Zahlung mit dem Mobiltelefon durchgeführt werden kann, ist eine Registrierung bei einem Mobile Payment- Dienstleister zur Benutzung des Services und die Verwaltung des mobilen Zahlvorgangs notwendig. Die Verwaltung umfasst die Rechnungserstellung und Zustellung. Der Abwicklungsprozess mithilfe des Mobiltelefons verläuft in den meisten Fällen wie in Abbildung 6. Im ersten Schritt wird eine Verbindung zwischen den drei beteiligten Akteuren (Kunde, Händler und dem mobile Payment Diensteister) hergestellt. Im nächsten Schritt wird geprüft, ob der Kunde die Zahlung durchführen darf. Sobald die Zahlung erfolgt ist, erhält der Händler die Zahlungsbestätigung und kann somit die Ware ausliefern bzw. die Dienstleistung verrichten[23].

---

[22]Association S 16.
[23]ECC-Handel vgl. S 6.

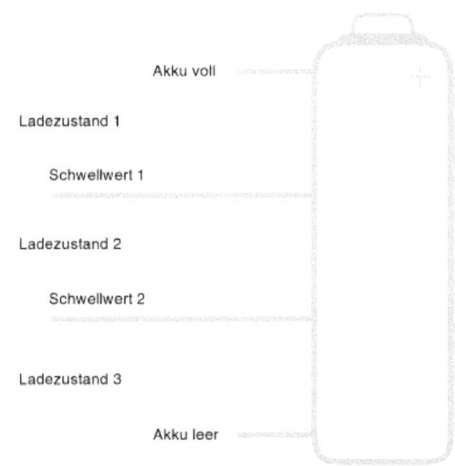

Abbildung 5: Ladestände eines Akkus[24]

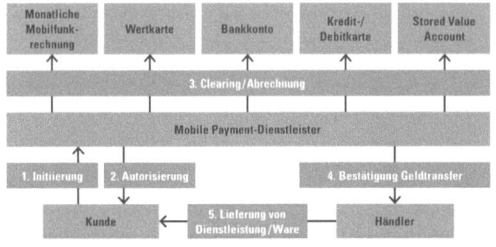

Abbildung 6: Ablauf des M-Payment Prozess [25]

---

[23]Association
[24]ECC-Handel

3.4 Weitere Anwendungsfälle

Der Bereich M-Payment ist nur ein Anwendungsfall. Andere Einsatzgebiete wären im Bereich von:

- Zugangskontrollen

  Diese gilt in erster Linie für Zugangskontrollen zu internen Treppenhäusern, Liften, Räumen und auch für Tore und Schranken und für die Zufahrt zu Tiefgaragen. Bei allen gilt, dass nur in eine Richtung verschlossen sein darf, damit im Brandfall der Fluchtweg nicht versperrt ist. Zur Zugangskontrolle wird eine elektrische Schlossfalle verwendet. Dieses Schloss ist entweder eine Programmierbare oder zentral gesteuerte Einheit, welches die Daten auf der Schlüsselkarte auswertet und ggfs. einer Person den Zutritt erlaubt oder verweigert[26].

- Sicherung von Waren in Warenhäusern

  Meist auf RF- Basis werden diese Sicherungen in fast allen Warenhäusern angewendet. Die Sicherungsetiketten bestehen aus einer geätzten oder gestanzten Antenne in einem Anhänge- oder Klebeetikett welches an der Ware befestigt ist. Mithilfe einer Detektionsatenne die in der Regel am Eingang bzw. Ausgang aufgestellt sind, werden aktive Etiketten erkannt und ein Alarmsignal auslöst. Die deaktivierung der Etiketten geschieht normalerweise beim Bezahlen an der Kasse.[27]

- Touch & Travel

  Dies ist ein Angebot von der Deutschen Bahn, welches dem Kunden eine Möglichkeit bietet, flexibel Bahn zu fahren. Der Vorteile hierbei ist die Flexibilität des Kunden, diese können sich, nach Registrierung auf http://www.touchandtravel.de, an einem sog. Touch Point, vor Fahrtantritt anmelden. Am Zielort ist eine Abmeldung an einem Touch Point notwendig. Auf Basis der Standortdaten wird der korrekte Fahrpreis in Rechnung gestellt.[28]

---

[26]Pech et al. vgl. S. 239.
[27]Kern/Schubert/Pohl.
[28]Touch/Travel.

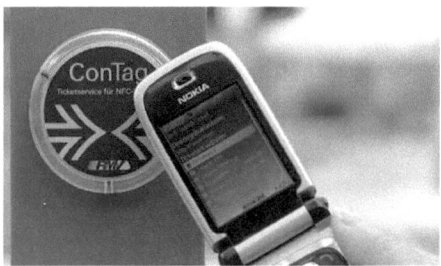

Abbildung 7: Darstellung eines passiven Funkchips an einer Haltestelle.[30]

Abbildung 8: Darstellung der Applikation von SecuPay.[32]

3.5 Angebote in Deutschland

Seit 2007 setzt der Rhein-Main-Verkehrsverbund passive NFC-Funkchips (siehe Abb. 7) an den Haltestellen der öffentlichen Verkehrsmittel ein. Berührt man solch einen Chip mit dem NFC-Handy, öffnet sich automatisch ein Programm, indem die aktuelle Haltestelle als Startpunkt hinterlegt ist.Danach kann dann der entsprechende Fahrschein gekauft werden kann. Nach ein paar weiteren Schritten ist das Ticket somit erworben.[29]

Weiterhin wird in Gastronomiebetrieben z.B. in Dresden ein Pilotprojekt mithilfe von SecuPay (http://www.secupay.ag), siehe Abbildung 8, getestet. Hierbei existiert auf dem NFC-Handy eine Applikation, welche bei dem Bezahlvorgang geöffnet wird. Nach der Auswahl des Bezahl-verfahrens druckt, wie bei einem Bezahlvorgang mit einer EC-Karte, das Terminal einen Beleg aus und der Bezahlvorgang ist durchgeführt.[31]

---

[29]Toms-Hardware-NFC.
[30]Toms-Hardware-NFC
[31]Toms-Hardware-NFC.

4 Fazit

Abbildung 9 zeigt die Verwendung des Mobiltelefons als Zahlungsmittel im Jahr 2012 und eine Prognose wie die Nutzung in 2016 aussehen kann. Es ist sehr schnell zu erkennen, dass in Asien sehr häufige Verwendung des M-Payments stattfindet. Europa steht hierbei an dritter Stelle. Zwar bietet NFC so gut wie alle Voraussetzungen sich in vielen Lebensbereichen zu verbreiten, doch der Durchbruch blieb in Deutschland aus. Neben der Akzeptanz besteht das Problem, dass mehrere Firmen bei der Umsetzung notwendig sind. Selbst wenn im örtlichem Supermarkt die NFC-Technologie eingesetzt wird, bleibt zu klären, welches Unternehmen als Clearingstelle den Bezahlvorgang abwickelt. In den Vereinigten Staaten versucht sich Google Wallet zu etablieren, dieser Einsatz ist in Deutschland aber bisher noch nicht in Sicht. Häufig scheitert es daran das Technologien, z.B. Parkuhren, erneuert werden müssen.Würde man die Gastronomie betrachten, so würden In Cafés die Menükarten NFC-Chips benötigen. Die Umsetzung kann daher nicht sofort durchgeführt werden. Es ist aber absehbar das die NFC-Technologie, genauso wie die EC-Karte, zum Alltagsgegenstand wird. Grade durch die Implementierung in das Mobiltelefon wurde der erste Schritt getätigt.

---

[32]http://www.secupay.ag/

14

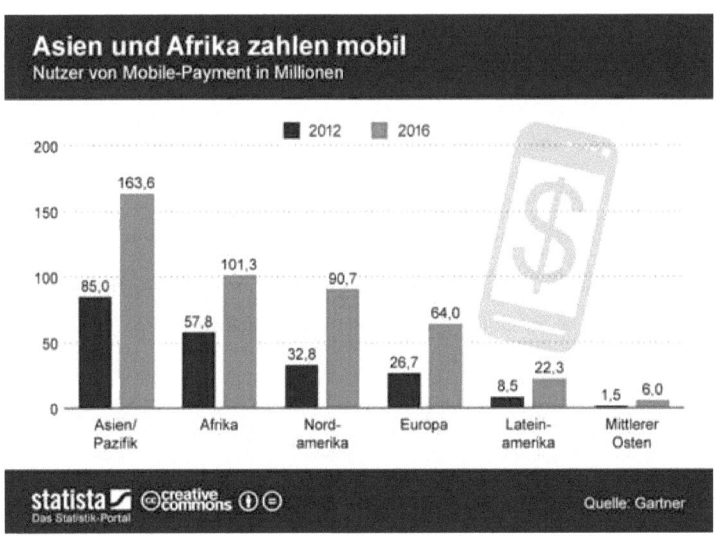

Abbildung 9: Verwendung des mobile Payment in mio.[33]

---

[33] https://de.statista.com/infografik/330/prognose-nutzerzahl-von-mobile-payment/

Literatur

Androidpit.de: Androidpit.de. http://www.androidpit.de/wie-sicher-ist-NFC, 12 2011

Association, GSM: Requirements for Single Wire Protocol NFC Handsets. http://www.gsma.com/mobilenfc/wp-content/uploads/2012/03/ gsmarequirementsforswpnfchandsetsv4.pdf, 3 2012

ECC-Handel: (ECC-Handel) KPMG. http://www.ecc-handel.de/mobile_payment_ 13223301.php, 2010

Financescout24: Financescout24. http://blog.financescout24.de/2012/04/05/ kontaktloses-bezahlen-das-zaubermittel-gegen-warteschlangen-2, 6 2012

Hage, J.: Einsatzmöglichkeiten und-grenzen der RFID-Technologie im Handel. GRIN Verlag GmbH, 2008, ISBN 9783638935968

Handy, NFC: NFC-Handy. http://www.nfc-handy.eu/nfc-basisinformationen/ was-ist-nfc-eigentlich/, 6 2012

http://www.cs.nyu.edu: CVC3. http://www.cs.nyu.edu/acsys/cvc3/, 6 2012

http://www.tomshardware.de: Toms Hardware Security. http://www.tomshardware.de/ NFC-Sicherheit-Security-Bezahldienste-Datenschutz,testberichte-241003-5. html, 4 2012

http://www.tomshardware.de: Toms Hardware (Security Datenschutz). http: //www.tomshardware.de/NFC-Sicherheit-Security-Bezahldienste-Datenschutz, testberichte-241003-4.html, 4 2012

Kern, C.: Anwendung Von RFID-Systemen. Springer, 2006, VDI-Buch, ISBN 9783540277255

Kern, C./Schubert, E./Pohl, M.: RFID Für Bibliotheken. Springer, 2011, ISBN 9783642053931

Langer, J./Roland, M.: Anwendungen Und Technik Von Near Field Communication(Nfc). Springer, 2010, ISBN 9783642054969

NFC-Forum: NFC Forum. `http://www.nfc-forum.org/events/oulu_spotlight/2009_` `09_01_Secure_Element_Programming.pdf`, 9 2009

Pech, A. et al.: Parkhäuser- Garagen: Grundlagen, Planung, Betrieb. Springer, 2009, ISBN 9783211892381

Rankl, W./Effing, W.: Handbuch der Chipkarten: Aufbau- Funktionsweise- Einsatz von Smart Cards. Hanser Fachbuchverlag, 2008, ISBN 9783446404021

Reveilhac, M.: 1st International IEEE Workshop on Near Field Communication. IEEE Computer Society, 2010, ISBN 9780769535777

Technode: Technode. `http://technode.com/2012/03/08/` `nfc-in-china-the-next-big-solution-to-mobile-payment`, 3 2012

Toms-Hardware-NFC: Toms Hardware. `http://www.tomshardware.de/` `nfc-payment-kontaktlos-bezahlen,testberichte-240968-3.html`, 3 2012

Touch/Travel: Touch and Travel. `http://www.touchandtravel.de/`, 6 2012

Umlauf, D.: Authentifizierungsverfahren als Sicherheitsaspekt für Virtuelle Private Netzwerke. GRIN Verlag GmbH, 2004, ISBN 9783638331029

BEI GRIN MACHT SICH IHR WISSEN BEZAHLT

- Wir veröffentlichen Ihre Hausarbeit, Bachelor- und Masterarbeit

- Ihr eigenes eBook und Buch - weltweit in allen wichtigen Shops

- Verdienen Sie an jedem Verkauf

Jetzt bei www.GRIN.com hochladen und kostenlos publizieren